AF370269

VENTE

Du Jeudi 8 Mai 1884

HOTEL DROUOT, SALLE N° 4

ANCIENNES

PORCELAINES

De la Chine

Jardinières, Potiches, Vases, Coupes

FLACONS A TABAC, PIÈCES D'ÉCHANTILLONS

Le tout arrivant de Shanghaï

EXPOSITION PUBLIQUE

Le Mercredi 7 Mai 1884, de 1 heure à 5 heures.

COMMISSAIRE-PRISEUR	EXPERT
Mᵉ Léon TUAL	**M. B. LASQUIN**
39, rue de la Victoire.	12, rue Laffitte.

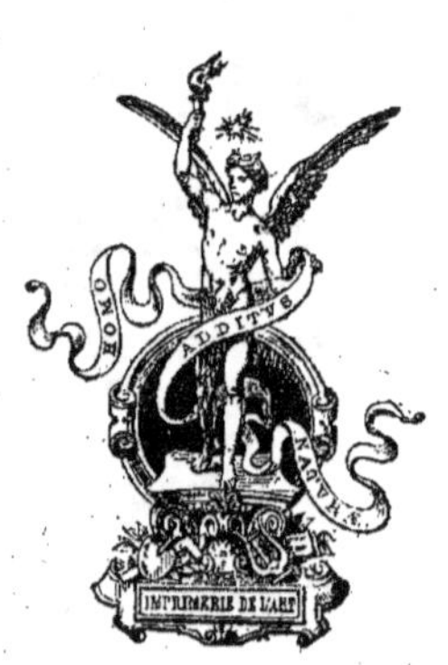

IMPRIMERIE DE L'ART

CATALOGUE

D'ANCIENNES

PORCELAINES

DE LA CHINE

Jardinières — Potiches — Vases — Coupes
Flacons à tabac — Pièces d'échantillons

Le tout arrivant de Shanghaï

DONT LA VENTE AURA LIEU

HOTEL DROUOT, SALLE N° 4

Le Jeudi 8 Mai 1884, à 2 heures.

COMMISSAIRE-PRISEUR	EXPERT
Mᶜ LÉON TUAL	**M. B. LASQUIN**
39, rue de la Victoire, 39	12, rue Laffitte, 12

Chez lesquels se trouve le présent Catalogue.

EXPOSITION PUBLIQUE

Le Mercredi 7 Mai 1884

DE UNE HEURE A CINQ HEURES

CONDITIONS DE LA VENTE

Elle sera faite au comptant.

Les adjudicataires payeront *cinq pour cent* en sus des enchères.

L'exposition mettant le public à même de se rendre compte de l'état des objets, il ne sera admis aucune réclamation une fois l'adjudication prononcée.

Paris. — Imp. de l'Art, J. Rouam, 41, rue de la Victoire.

DÉSIGNATION DES OBJETS

ANCIENNES PORCELAINES DE LA CHINE

1 — Potiche à couvercle, en ancienne porcelaine
de Chine, décorée en émaux de couleurs,
d'un rocher fleuri avec oiseau sur la panse
et d'un lambrequin à la partie supérieure.

1 *bis*. — Potiche de même forme et de décor analogue.

2 — Deux potiches de même forme, en vieux Chine,
représentant une réception d'un mandarin ;
bordure quadrillée, alternée de réserves.

3 — Potiche de même forme, décorée en émaux de
couleurs, d'un Fohang.

4 — Deux potiches à couvercles, décor émaillé en
vert et rouge, à arabesques et Fohang.

5 — Deux autres potiches de même forme et de
décor analogue, mais plus petites.

6 — Une autre de décor analogue.

7 — Deux potiches, décor en émaux de couleurs, à dragons dans les flammes.

8 — Deux potiches en vieux Chine, décor bleu à arabesques.

9 — Autre à décor bleu de chrysanthèmes et arabesques.

10 — Autre plus petite.

11 — Potiche en vieux Chine, décor en couleurs, à dragon de mandarin dans les flammes.

12 — Petite potiche en vieux Chine, de l'époque des Ming, décor émaillé en couleurs à corbeilles de fleurs.

13 — Potiche décorée, en émaux de couleurs, de cavaliers dans un paysage.

14 — Autre, décorée en émaux de couleurs, d'un rocher fleuri et d'oiseaux.

15 — Potiche en vieux Chine, fond gros bleu de Perse, décor d'or.

16 — Deux pots à gingembre, en vieux Chine, décor à fleurs d'aubépine et réserves d'ustensiles mobiliers.

17 — Vasque sphérique en vieux Chine, décorée en bleu, d'arabesques et de chrysanthèmes.

18 — Autre de même forme, fond gros bleu uni.

19 — Vase bursaire en céladon gris craquelé, à deux petites anses, trompes d'éléphants.

20 — Vase balustre à large ouverture, fond vert, animaux fantastiques dans les flots.

21 — Bouteille en ancien céladon turquoise truité.

22 — Autre de même forme, plus grande.

23 — Vase à ouverture évasée, en céladon turquoise.

24 — Vase balustre carré, en céladon turquoise.

25 — Vase à petit goulot, en céladon turquoise.

26 — Vase à côtes, en céladon craquelé.

27 — Bouteille à col droit, en céladon violet.

28 — Bouteille à col droit, décor d'arabesques en rouge et fer.

29 — Bouteille en céladon vert d'eau, à grues sacrées, gaufrées en blanc.

30 — Bouteille, fond vert uni, à fleurettes émaillées rose.

31 — Bouteille à panse surbaissée, en céladon rouge
flambé.

32 — Bouteille de forme analogue, céladon gris
foncé.

33 — Bouteille à panse ovoïde, en flambé rouge.

34 — Bouteille en céladon marbré.

35 — Bouteille à ouverture évasée, haricot rouge.

36 — Vase balustre carré aplati, flambé violet.

37 — Beau vase de forme carrée, en vieux Chine
de la famille verte, décoré en émaux de
couleurs, de figures et de cavaliers.

38 — Vase modèle, cornet à panse, fond bleu de
Perse à décor d'or à paysages.

39 — Pot à gingembre, décoré de figures en bleu.

40 — Deux cornets coupés décorés en émaux de
couleurs, de poissons, d'attributs et de fleurs.

41 — Écran, forme de disque, soutenu par deux
figurines en vieux Chine.

42 — Vase carré à reliefs, fond bleu fouetté.

43 — Vase de même forme, céladon gris craquelé.

44 — Vase balustre aplati, céladon gris perle.

45 — Vase forme losange, fond vert d'eau, à ornements bleus réservés en relief.

46 — Cornet jaune impérial uni.

47 — Petite potiche blanche avec dessin gravé.

48 — Bouteille à col à bourrelet, décorée de poissons en couleurs.

49 — Vase forme bouteille, orné de deux dragons en relief sur le col et la panse.

50 — Bouteille, bleu empois, avec bandeaux réservés, en craquelé et clathré bleu et blanc.

51 — Bouteille blanche, dessin bleu au bord du col.

52 — Vase balustre en flambé rouge et bleu.

53 — Brasero sur trois pieds droits, décor marbré et à palmettes en relief.

54 — Vase en blanc de Chine gravé.

55 — Vase balustre, fond blanc, fleurs en bleu et manganèse.

56 — Cornet en bleu empois, gaufré à fleurs et
attributs.

57 — Bouteille, haricot rouge.

58 — Gourde lenticulaire en blanc de Chine, dessin
de vannerie en relief.

59 — Vase à deux anses au col en céladon craquelé.

60 — Petit vase à col renflé à la partie supérieure,
en céladon gris craquelé.

61 — Vase forme olive, en céladon gris à petites
craquelures.

62 — Vase balustre, en céladon gris craquelé.

63 — Jardinière en vieux Chine, décorée en émaux
de couleurs, fond rose à fleurs et arabesques,
avec réserves circulaires à dragons.

64 — Deux chimères en vieux Chine, émaillées en
vert et manganèse sur socles marbres.

65 — Deux autres analogues aux précédentes.

66 — Deux petites chimères de même décor.

67 — Deux autres dépareillées.

68 — Groupe : Magot sur un crapaud vert.

69 — Petite jardinière, forme feuille, surmontée
d'un rocher avec tour de pagode.

70 à 74 — Dix-huit petits vases (flacons à tabac), de
formes et de décors variés, en ancienne porcelaine de Chine.

75 à 79 — Vingt petits vases de décors variés,
formes bouteilles, balustres, carrés, etc., en
vieux Chine.

80 à 82 — Huit autres vases plus grands, de formes
et de décors variés.

83 à 87 — Dix coupes, formes feuilles et fruits, etc.,
en porcelaine de Chine, de nuances variées.

88 à 92 — Douze pièces, pitongs, brûle-parfums,
vases, boîtes, etc., en porcelaine de Chine,
de formes diverses.

93 — Coupe ronde en jade sur pied en bois de fer.

94 — Trois pièces : deux assiettes en vieux Chine
de la famille rose, et un plateau en flambé.

95 — Six petits compotiers à décor de fleurs, et
quatre autres à bord festonné, fond jaune.

96 — Trois plateaux de formes variées, en porcelaine de Chine, à décor émaillé.

97 — Cafetière en blanc de Chine craquelé.

98 — Un brasero surbaissé, nuance bronze poudré.

99 — Deux petits vases en verre de couleur, l'un en forme de gourde.

100 — Quatre petites tasses en porcelaine mince de la Chine, décor de Kanchi.

101 — Deux petits vases dans un étui. Bouteille blanc de Chine à relief, et vase carré en bleu turquoise.

102 — Deux petites coupes forme fruits, l'une rouge corail, l'autre en blanc de Chine. (Dans un étui.)

103 — Vase nuance fraise écrasée. (Dans un étui.)

104 — Deux pièces dans un étui : bouteille en verre rubis, et flacon forme feuille en blanc de Chine.

105 — Deux pièces dans un étui : vase en verre rose et pitong, tronc d'arbre émaillé vert et jaune.

106 — Deux pièces dans un étui : vase ovoïde en verre rubis, et vase aplati en céladon craquelé.

107 — Deux bouteilles en verre (dans un étui), l'une
bleu clair, l'autre couleur ambre.

108 — Deux pièces dans un étui : petit pitong en
porcelaine, et flacon à côtes en verre bleu.

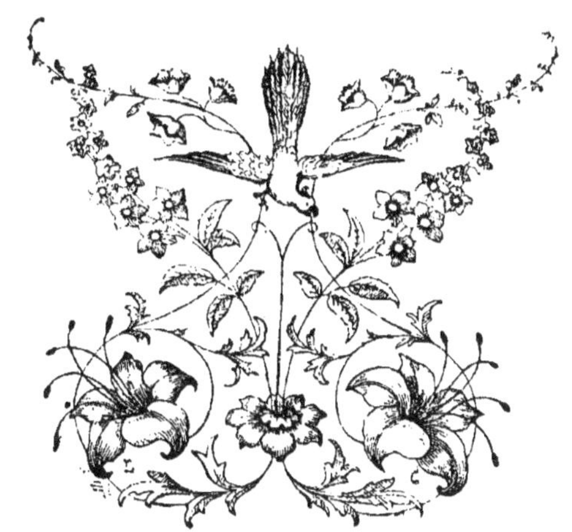